J 386 MIT
Mitten, Ellen.
Vi?as acua?ticas =

S0-AVU-209

DATE DUE

AVON PUBLIC LIBRARY
BOX 977 / 200 BENCHMARK RD.
AVON, COLORADO 81620

EAGLE VALLEY LIBRARY DISTRICT
1 06 0004966385

Vías acuáticas
Waterways

Ellen K. Mitten

ROURKE PUBLISHING
Vero Beach, Florida 32964

© 2010 Rourke Publishing LLC

All rights reserved. No part of this book may be reproduced or utilized in any form or by any means, electronic or mechanical including photocopying, recording, or by any information storage and retrieval system without permission in writing from the publisher.

www.rourkepublishing.com

PHOTO CREDITS: © fanelliphotography: Title Page, 13; © Roberto A. Sanchez: 3, 23; © Dan Barnes: 5, 23; © Jordan Shaw: 7; © Edward Todd: 9; © David Parsons: 11, 23; © urban-photo: 15, 22; © Matthew Ragen: 17, 22; © westphalia: 19, 23; © Paul Kline: 21, 22

Edited by Meg Greve

Cover design by Nicola Stratford bppublishing.com
Interior design by Tara Raymo
Bilingual editorial services by Cambridge BrickHouse, Inc.   www.cambridgebh.com

Library of Congress Cataloging-in-Publication Data

Mitten, Ellen.
  Waterways / Ellen Mitten.
      p. cm. -- (Little world geography)
  ISBN 978-1-60694-420-2 (hard cover)
  ISBN 978-1-60694-536-0 (soft cover)
  ISBN 978-1-60694-587-2 (bilingual)
  1. Waterways--Juvenile literature. I. Title.
  HE381.M58 2010
  386--dc22

                                         2009005743

Printed in the USA

CG/CG

AVON PUBLIC LIBRARY
BOX 977 / 200 BENCHMARK RD.
AVON, COLORADO 81620

www.rourkepublishing.com - rourke@rourkepublishing.com
Post Office Box 643328 Vero Beach, Florida 32964

¿Qué son las **vías acuáticas**?

What are **waterways**?

Las vías acuáticas son rutas que usan los **barcos** para transportar **mercancías** y personas.

Waterways are roads for **ships** to transport **goods** and people.

buque de carga
cargo ship

océano / ocean

canal / canal

río / river

Los **ríos**, **canales** y **océanos** son vías acuáticas.

Rivers, **canals**, and **oceans** are waterways.

lancha de motor
motorboat

río / river

Los ríos fueron las primeras vías usadas para transportar mercancías entre ciudades.

Rivers were the first waterways used to carry goods between cities.

barcaza
barge

remolcador
tugboat

Los barcos han transportado mercancías y personas entre las ciudades por algunos ríos durante cientos de años.

Boats have carried goods and people to cities up and down some rivers for hundreds of years.

velero
sailboat

Los canales son vías construidas por el hombre. Los canales comunican dos vías acuáticas para transportar mercancías rápidamente.

Canals are waterways built by people. They connect two waterways together to transport goods quickly.

barco-casa
cabin cruiser

AVON PUBLIC LIBRARY
BOX 977 / 200 BENCHMARK RD.
AVON, COLORADO 81620

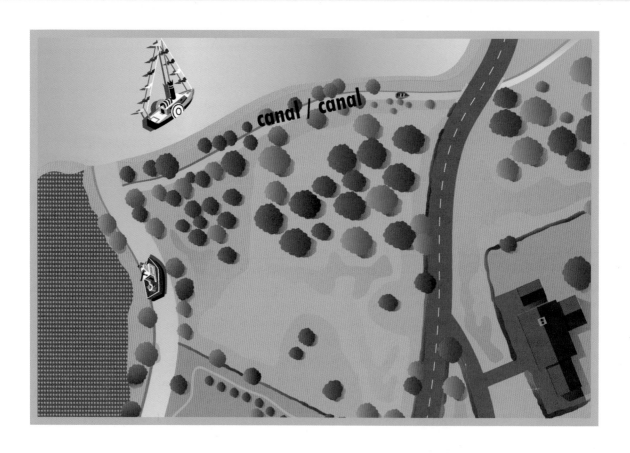

canal / canal

Los canales pequeños conectan las ciudades con los ríos.

Small canals link rivers to cities.

lancha de remos
rowboat

Los canales más grandes acortan la distancia que un buque viaja de un océano a otro.

Bigger canals shorten the distance ships travel from one ocean to another ocean.

buque de carga
cargo ship

Los canales gigantes acortan las rutas de los **buques tanque** de un país a otro.

Huge canals shorten routes of oil **tankers** from one country to another.

buque tanque
tanker

Los ríos, canales y océanos mantienen a las personas y las mercancías en movimiento por todo el mundo. Son vías acuáticas importantes.

Rivers, canals, and oceans keep goods and people on the move all over the world. They are important waterways.

crucero
cruise ship

GLOSARIO / GLOSSARY

buques: Embarcaciones grandes que pueden viajar a través de aguas profundas.
ships (SHIPS): Large boats that can travel across deep water.

buques tanque: Buques que tienen tanques para el transporte de líquidos.
tankers (TANG-kurs): Ships that are equipped with tanks for carrying liquids.

canales: Vías excavadas sobre la tierra. Los canales conectan dos masas de agua para que los barcos puedan viajar entre ellos.
canals (kuh-NALS): Channels that are dug across land. Canals connect bodies of water so that ships can travel between them.

mercancías: Las cosas que se venden, como los alimentos, muebles y ropa.
goods (GUDZ): Things that are sold, such as food, furniture, and clothing.

ríos: Corrientes naturales de agua dulce que fluyen hacia los lagos y océanos.
rivers (RIV-urs): Natural streams of fresh water that flow into lakes or oceans.

océanos: Las masas de agua más grandes de la Tierra. Su agua es salada. Hay cinco océanos principales: el Pacífico, el Atlántico, el Índico, el Ártico y el Antártico.
oceans (OH-shuhns): The largest bodies of water on Earth. The water is salty. There are five major oceans: the Pacific, Atlantic, Indian, Arctic, and Antarctic.

vías acuáticas: Ríos, canales u otras masas de agua sobre los cuales los buques y lanchas pueden viajar.
waterways (WAW-tur-ways): Rivers, canals, or other bodies of water on which ships and boats travel.

Índice / Index

Visita estas páginas en Internet / Websites to Visit

www.boatsafe.com/kids/navigation.htm
www.education.usace.army.mil/navigation/waterwy.html
www.kids.nationalgeographic.com

Sobre la autora / About the Author

Ellen K. Mitten ha sido maestra de niños de 4 y 5 años desde 1995. ¡A ella y a su familia les encanta leer libros de todo tipo!

Ellen K. Mitten has been teaching four and five-year-olds since 1995. She and her family love reading all sorts of books!